영어의 기초를 다져 주는

# magic

# 초등 영어 파닉스

영어의 기초를 다져 주는

# 매직 초등 영어 파닉스(개정판 2)

2013년 4월 8일    개정판    1쇄 발행
2023년 2월 20일    개정판 2    1쇄 인쇄
2023년 2월 25일    개정판 2    1쇄 발행

**지은이** 문호준
**펴낸이** 이규인
**펴낸곳** 국제어학연구소 출판부
**편 집** 문성원·조성희
**삽 화** 이경택
**표지 디자인** 장윤선

**출판등록** 2010년 1월 18일 제302-2010-000006호
**주소** 서울특별시 마포구 대흥로4길 49, 1층(용강동 월명빌딩)
Tel (02) 704-0900 **팩시밀리** (02) 703-5117
**홈페이지** www.bookcamp.co.kr
**e-mail** changbook1@hanmail.net

ISBN 979-11-9792039-4 13740
정가 15,000원

영어의 기초를 다져 주는

# magic

# 초등 영어 파닉스

개정판 2

글 문호준 | 그림 이경택

ILR 국제어학연구소

# Phonics?

 **머리말**

　파닉스를 아이들이 익히고 나면 지금까지 자기가 그냥 듣고 따라 하던 것에서 스스로 읽고 들을 수 있는 창조적인 능력이 자라난다. 자기의 창조적 능력이 추가되면 아이의 학습 능력은 놀랍게 성장하게 된다. 그렇기 때문에 파닉스 교육은 중요하다. 영어를 모국어로 사용하는 아동들도 그 수준에 맞는 파닉스 교육은 필히 받는다.

　그렇다면 이렇게 중요한 파닉스 교육을 어떻게 하면 좋을까?

　교육에 있어서 특히 새로운 언어를 배우는 아동에게 주의할 것은 흥미를 잃지 않고 즐겁게 배울 수 있게 하는 것이다. 이렇게 하는 것이 아이의 계속되는 학습에 큰 효과를 볼 수 있다.

　파닉스의 교육은 많은 것을 담을 수도 있지만, 중요한 것은 실제 사물 그림과 간단한 문장을 통해 익힘으로써 응용력을 키울 수 있다고 본다.

　그러나 파닉스를 자유자재로 한다고 해서 모든 영어 어휘를 읽을 수 있는 것은 아니다. 예외적인 것이 있기 때문이다.

　그래서 본 책에서는 영어를 배우는 아이들에게 가장 중요한 알파벳 소릿값과 단모음과 장모음을 익히게 함으로써 기본적이고 기초적인 파닉스 교육을 하고자 한다. 기초 공사가 잘 되면 그다음에 많은 영어 이야기와 영화 등 영어 원어민의 발음에 노출되어 스스로 자신의 것으로 만들어 갈 수 있다.

　이 책에서 가장 중요한 발음의 규칙을 배워 영어를 자신의 언어로 듣고, 읽고, 말하고, 쓰는 데 큰 도움이 되었으면 한다.

**이 책의 사용 방법**

　　**PART I**은 알파벳 소릿값을 배운다. 영어의 알파벳을 배움에 있어서 이름으로 배워왔는데 이것은 영어를 읽는 데 큰 도움이 되지 않는다. 그 알파벳의 소릿값을 알아야 영어를 읽음에 있어 쉽게 알아듣고 익힐 수 있게 된다. 예를 들어 **Hh**라는 철자가 들어간 단어를 배운다고 해보자.

　　단어 **hat**는 **h, a, t**가 만나서 만들어진 말이다. 만약 알파벳 이름만 알고 있다고 하면, **hat**를 읽을 때 **'에이치-에이-티'**라고 읽어야 할 것이다. 이것은 이 단어를 알아들을 수 없을뿐만 아니라 의사소통이 될 수 없다.

　　그런데 그 소릿값을 알고 적용한다면 **hat**는 **/흐-애-트/ 〉/해트/**가 된다. 이렇게 읽으므로 이 단어를 알아들을 수 있을뿐만 아니라 서로 간에 의사소통이 되는 것이다. 그러므로 알파벳 소릿값을 익히는 것은 아주 중요하다고 강조하지 않을 수 없다.

　　이 책을 사용함에 있어서 한글로 써 놓은 소릿값을 배우는 아동이 잘 알고 발음할 수 있길 바란다. 그러나 영어의 발음을 한글로 옮겨 놓았기에 약간의 차이는 있을 것이다. 이것은 MP3에 나온 원어민의 발음에 항상 노출시켜 원어민의 발음을 할 수 있도록 해 주길 바란다.

　　혹시 배우는 것이 느린 아동은 한글로 소릿값을 써가면서 익힌다면 더 큰 효과를 볼 수 있다.

 **차례**

 **부록**

# Part 1

# Alphabet Sounds

# 영어의 알파벳 소리를 알자!

# Unit 1

# Aa, Bb, Cc의 소리

**A a** **apple** [ǽpl]

**A a** 는 /애/ 소릿값을 가집니다.

**B b** **bus** [bʌ́s]

**B b** 는 /브/ 소릿값을 가집니다.

**C c** **car** [káːr]

**C c** 는 /크/ 소릿값을 가집니다.

## Read and Write / 애 / , / 브 / , / 크 / 라고 읽으면서 쓰세요.

A a    B b    C c

**A** a

**arrow**
[ǽrou]
화살

**ant**
[ǽnt]
개미

**apple**
[ǽpl]
사과

**B** b

**bed**
[béd]
침대

**book**
[búk]
책

**bus**
[bʌ́s]
버스

**C** c

**car**
[káːr]
자동차

**cat**
[kǽt]
고양이

**cup**
[kʌ́p]
컵

# Listen and Circle 듣고 동그라미를 그리세요.

**1** 듣고 **A a** 로 시작되는 이름에 원을 그리세요.

화살

침대

개미

고양이

사과

버스

**2** 듣고 **B b** 로 시작되는 이름에 원을 그리세요.

침대

자동차

책

컵

버스

화살

**3** 듣고 **C c** 로 시작되는 이름에 원을 그리세요.

자동차

개미

고양이

책

컵

사과

A A A   arrow   **a a a**   ant   A A A   apple

B B B   bed   **b b b**   book   B B B   bus

C C C   car   **c c c**   cat   C C C   cup

Listen and Repeat 듣고 따라하세요.

**What's this ?**
**It is an arrow.**

**What's this ?**
**It is a bed.**

**What's this ?**
**It is a cup.**

**More Words**

더 알아 보아요

| A a | | B b | | C c | |
|---|---|---|---|---|---|
| **plan** 계획 | **and** 그리고 | **building** 건물 | **bird** 새 | **cart** 수레 | **cake** 케익 |
| **advertisement** 광고 | | **boat** 보트 | **boots** 부츠 | **cattle** 소 | **candy** 사탕 |
| **man** 남자 | **platform** 플랫홈 | **band** 밴드 | **belt** 벨트 | **cage** 새장 | **can** ~할 수 있다 |
| **ankle** 발목 | | | | | |

# Unit 2 Dd, Ee, Ff의 소리

 **Listen and Repeat** 듣고 따라하세요.

 **D d** **Dog** [dɔ́ːg]

**D d** 는 /드/ 소릿값을 가집니다.

 **E e** **Egg** [ég]

**E e** 는 /에/ 소릿값을 가집니다.

 **F f** **Frog** [frɔ́ːg]

**F f** 는 /프(흐)/ 소릿값을 가집니다.

\* /프(흐)/은 아랫입술을 깨물고 바람을 밀어 내며 소리를 내세요.

 **Read and Write** / 드 / , / 에 / , / 프 / 라고 읽으면서 쓰세요.

D d    E e    F f

**desk**
[désk]
책상

**dog**
[dɔ́:g]
개

**doll**
[dɔ́l]
인형

**egg**
[ég]
달걀

**elephant**
[éləfənt]
코끼리

**elf**
[élf]
요정

**fish**
[fíʃ]
물고기

**fire**
[fàiər]
불

**frog**
[frɔ́:g]
개구리

**1** 듣고 **D d** 로 시작되는 이름에 원을 그리세요.

물고기

책상

개

개구리

인형

코끼리

**2** 듣고 **E e** 로 시작되는 이름에 원을 그리세요.

책상

달걀

코끼리

인형

요정

불

**3** 듣고 **F f** 로 시작되는 이름에 원을 그리세요.

개

물고기

불

달걀

개구리

요정

## Chant Together 들으면서 따라하세요.

**D D D** desk **d d d** dog **D D D** doll

**E E E** egg **e e e** elephant **E E E** elf

**F F F** fish **f f f** fire **F F F** frog

## Listen and Repeat 듣고 따라하세요.

**Look at this.**
**It is a big dog.**

**Look at that.**
**It is a small elf.**

**Look at that.**
**It is a big fish.**

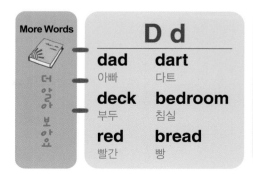

**More Words**
더 알아 보아요

| D d | | E e | | F f | |
|---|---|---|---|---|---|
| **dad** | **dart** | **bed** | **ten** | **farm** | **fifth** |
| 아빠 | 다트 | 침대 | 열 | 농장 | 5번째 |
| **deck** | **bedroom** | **send** | **lemon** | **four** | **forehead** |
| 부두 | 침실 | 보내다 | 레몬 | 4 | 이마 |
| **red** | **bread** | **cent** | **fence** | **feet** | **fly** |
| 빨간 | 빵 | 센트 | 울타리 | 발들 | 날다 |

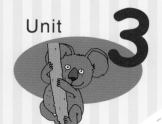 **Unit 3**

# Gg, Hh, Ii의 소리

 **Listen and Repeat** 듣고 따라하세요.

**G g** **goat** [góut]

G g 는 /그/ 소릿값을 가집니다.

**H h** **hat** [hǽt]

H h 는 /흐/ 소릿값을 가집니다.

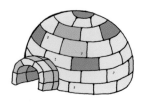

**I i** **igloo** [íglu:]

I i 는 /이/ 소릿값을 가집니다.

 **Read and Write** / 그 /, / 흐 /, / 이 / 라고 읽으면서 쓰세요.

Gg    Hh    Ii

**G g**

### girl
[gə́:rl]
소녀

### goat
[góut]
염소

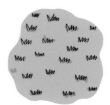

### grass
[grǽs]
잔디, 풀밭

**H h**

### ham
[hǽm]
햄

### hat
[hǽt]
모자

### hippo
[hípou]
하마

**I i**

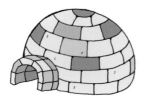

### igloo
[íglu:]
이글루, 얼음집

### ink
[íŋk]
잉크

### Indian
[índiən]
인디언

**Listen and Circle** 듣고 동그라미를 그리세요.

**1** 듣고 **G g** 로 시작되는 이름에 원을 그리세요.

소녀

모자

이글루, 얼음집

염소

인디언

잔디

**2** 듣고 **H h** 로 시작되는 이름에 원을 그리세요.

햄

소녀

잉크

모자

잔디

하마

**3** 듣고 **I i** 로 시작되는 이름에 원을 그리세요.

이글루, 얼음집

햄

염소

잉크

하마

인디언

## Chant Together 들으면서 따라하세요.

G G G girl **g g g** goat **G G G** grass

H H H ham **h h h** hat **H H H** hippo

I I I igloo **i i i** ink **I I I** Indian

## Listen and Repeat 듣고 따라하세요.

Who has ham ?
The **girl** has ham.

Who has ham ?
The **hippo** has ham.

Who has ham ?
The **Indian** has ham.

**More Words**

더 알아 보아요

| G g | | H h | | I i | |
|---|---|---|---|---|---|
| **big** 큰 | **grill** 그릴, 불판 | **hen** 암탉 | **hide** 숨다 | **biscuit** 과자 | **his** 그의, 그의 것 |
| **game** 게임 | **mug** 컵 | **high** 높은 | **huge** 거대한 | **hit** 치다 | **insect** 곤충 |
| **gold** 금 | **foggy** 안개 긴 | **hand** 손 | **home** 집 | **ill** 아픈 | **milk** 우유 |

## Unit 4 Jj, Kk, Ll의 소리

**Listen and Repeat** 듣고 따라하세요.

**J j** **jet** [dʒét]

J j 는 /즈/ 소릿값을 가집니다.

**K k** **koala** [kouá:lə]

K k 는 /크/ 소릿값을 가집니다.

**L l** **lion** [làiən]

L l 는 /을, 르/ 소릿값을 가집니다.

**Read and Write** / 즈 / , / 크 / , / 을 /이라고 읽으면서 쓰세요.

Jj     Kk     Ll

**J** j

## jam
[dʒǽm]
잼

## jello
[dʒélou]
젤리

## jet
[dʒét]
제트기

**K** k

## key
[kí:]
열쇠

## king
[kíŋ]
왕

## koala
[kouá:lə]
코알라

**L** l

## lamp
[lǽmp]
램프

## leg
[lég]
다리

## lion
[làiən]
사자

## Listen and Circle 듣고 동그라미를 그리세요.

**1** 듣고 **J j** 로 시작되는 이름에 원을 그리세요.

열쇠

잼

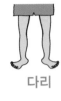
다리

젤리

코알라

제트기

**2** 듣고 **K k** 로 시작되는 이름에 원을 그리세요.

램프

열쇠

젤리

왕

사자

코알라

**3** 듣고 **L l** 로 시작되는 이름에 원을 그리세요.

잼

램프

왕

다리

제트기

사자

## Chant Together 들으면서 따라하세요.

J J J  jam  j j j  jello  J J J  jet

K K K  key  k k k  king  K K K  koala

L L L  lamp  l l l  leg  L L L  lion

## Listen and Repeat 듣고 따라하세요.

**Do you like the jam ?**
Yes, I do.

**Do you like the koala ?**
Yes, I do.

**Do you like the lion ?**
No, I don't.

**More Words**
더 알아 보아요

| J j | | K k | | L l | |
|---|---|---|---|---|---|
| **jelly** 젤리 | **July** 7월 | **bike** 자전거 | **keep** 지키다 | **line** 줄 | **lung** 폐 |
| **join** 함께 참여하다 | **juice** 쥬스 | **kid** 아이 | **kitchen** 부엌 | **lens** 렌즈 | **lend** 빌려·주다 |
| **jungle** 정글 | **joy** 기쁨 | **ski** 스키 타다 | **pumpkin** 호박 | **lemon** 레몬 | **little** 양이 적은 |

# 5 Mm, Nn, Oo의 소리

## Listen and Repeat 듣고 따라하세요.

# M m  **mouse** [màus]

**M m** 는 /음, 므/ 소릿값을 가집니다.

# N n  **nose** [nóuz]

**N n** 는 /은, 느/ 소릿값을 가집니다.

# O o  **owl** [àul]

**O o** 는 /아/ 소릿값을 가집니다.

## Read and Write / 므 / , / 느 / , / 아 / 라고 읽으면서 쓰세요.

M m      N n      O o

# Mm

**melon**
[mélən]
멜론

**milk**
[mílk]
우유

**mouse**
[màus]
생쥐

# Nn

**nest**
[nést]
둥지

**net**
[nét]
그물

**nose**
[nóuz]
코

# Oo

**octopus**
[áktəpəs]
문어

**owl**
[àul]
부엉이

**ox**
[áks]
황소

## Listen and Circle 듣고 동그라미를 그리세요.

**1** 듣고 **M m** 로 시작되는 이름에 원을 그리세요.

멜론

코

문어

우유

부엉이

생쥐

**2** 듣고 **N n** 로 시작되는 이름에 원을 그리세요.

둥지

멜론

그물

황소

코

우유

**3** 듣고 **O o** 로 시작되는 이름에 원을 그리세요.

문어

둥지

부엉이

생쥐

황소

그물

## Chant Together 들으면서 따라하세요.

**M M M** melon **m m m** milk **M M M** mouse

**N N N** nest **n n n** net **N N N** nose

**O O O** octopus **o o o** owl **O O O** ox

## Listen and Repeat 듣고 따라하세요.

**Where is the melon ?**
**It is in the house.**

**Where is the nest ?**
**It is on the tree.**

**Where is the owl ?**
**It is on the tree.**

**More Words**
더 알아 보아요

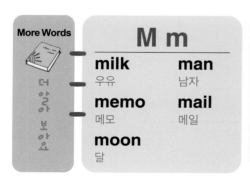

| M m | | N n | | O o | |
|---|---|---|---|---|---|
| **milk**<br>우유 | **man**<br>남자 | **nail**<br>못 | **nine**<br>9 | **October**<br>10월 | **top**<br>꼭대기 |
| **memo**<br>메모 | **mail**<br>메일 | **noise**<br>소음 | **nap**<br>낮잠 | **cop**<br>경찰 | **drop**<br>떨어뜨리다 |
| **moon**<br>달 | | **North**<br>북쪽의 | **needle**<br>바늘 | | |

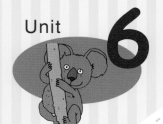

# Unit 6 Pp, Qq, Rr의 소리

## Listen and Repeat 듣고 따라하세요.

**P p** **Pig** [píg]

**P p**는 /ㅍ/ 소릿값을 가집니다.

**Q q** **queen** [kwíːn]

**Q q**는 /ㅋ(우)/ 소리값을 가집니다.

**R r** **rabbit** [rǽbit]

**R r**는 /르/ 소릿값을 가집니다.

## Read and Write / ㅍ / , / ㅋ(우) / , / 르 / 라고 읽으면서 쓰세요. ✏

P p    Q q    R r

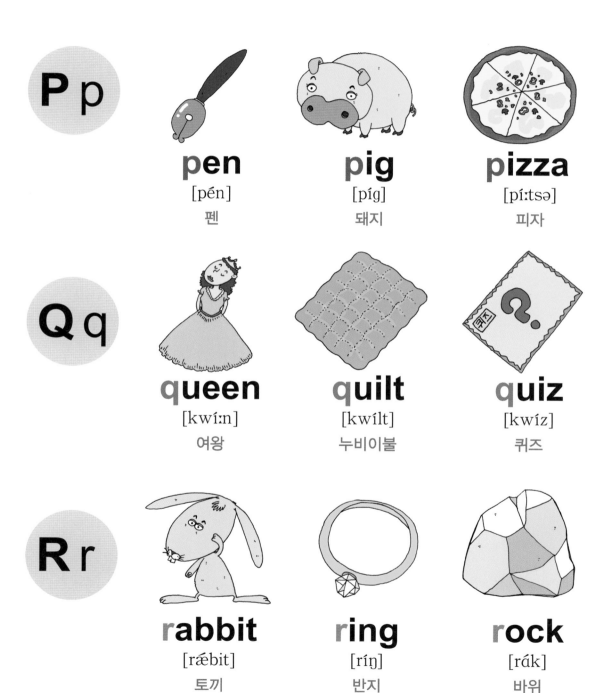

**P** p

**pen**
[pén]
펜

**pig**
[píg]
돼지

**pizza**
[píːtsə]
피자

**Q** q

**queen**
[kwíːn]
여왕

**quilt**
[kwílt]
누비이불

**quiz**
[kwíz]
퀴즈

**R** r

**rabbit**
[rǽbit]
토끼

**ring**
[ríŋ]
반지

**rock**
[rák]
바위

Listen and Circle 듣고 동그라미를 그리세요.

**1** 듣고 **P p** 로 시작되는 이름에 원을 그리세요.

바위

펜

토끼

돼지

피자

누비이불

**2** 듣고 **Q q** 로 시작되는 이름에 원을 그리세요.

피자

여왕

펜

누비이불

퀴즈

반지

**3** 듣고 **R r** 로 시작되는 이름에 원을 그리세요.

여왕

토끼

퀴즈

반지

바위

돼지

## Chant Together 들으면서 따라하세요.

P P P   pen   p p p   pig   P P P   pizza

Q Q Q   queen   q q q   quilt   Q Q Q   quiz

R R R   rabbit   r r r   ring   R R R   rock

## Listen and Repeat 듣고 따라하세요.

**What is that ?**
**It is a red pig.**

**What is that ?**
**It is a white quilt.**

**What is that ?**
**It is a white rabbit.**

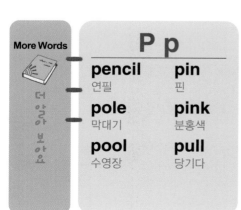

**More Words**
더 알아 보아요

| P p | | Q q | | R r | |
|---|---|---|---|---|---|
| **pencil**<br>연필 | **pin**<br>핀 | **squeeze**<br>짜다 | **squirrel**<br>다람쥐 | **rattle**<br>덜컥덜컥 소리 내다 | |
| **pole**<br>막대기 | **pink**<br>분홍색 | **square**<br>광장 | **quickly**<br>빨리 | **ride**<br>타다 | **radio**<br>라디오 |
| **pool**<br>수영장 | **pull**<br>당기다 | **question**<br>질문 | **quiet**<br>조용한 | **rope**<br>밧줄 | **road**<br>길 |
| | | | | **ribbon**<br>리본 | |

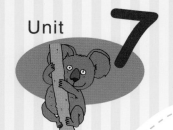

# Unit 7 Ss, Tt, Uu의 소리

**S s** **sun** [sʌ́n]

S s 는 /쓰/ 소릿값을 가집니다.

**T t** **tiger** [tàigər]

T t 는 /트/ 소릿값을 가집니다.

**U u** **umbrella** [ʌmbrélə]

U u 는 /어/ 소릿값을 가집니다.

**Read and Write** / 쓰 /, / 트 /, / 어 / 라고 읽으면서 쓰세요. 🖌

S s    T t    U u

# S s

**sea**
[síː]
바다

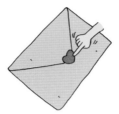

**seal**
[síːl]
봉하다

**sun**
[sʌ́n]
태양

# T t

**ten**
[tén]
열

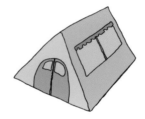

**tent**
[tént]
텐트

**tiger**
[tàigər]
호랑이

# U u

**umbrella**
[ʌmbrélə]
우산

**umpire**
[ʌ́mpaiər]
심판

**up**
[ʌ́p]
위로

# Listen and Circle 듣고 동그라미를 그리세요.

**1** 듣고 **S s** 로 시작되는 이름에 원을 그리세요.

바다

봉하다

심판

위로

태양

열

**2** 듣고 **T t** 로 시작되는 이름에 원을 그리세요.

열

텐트

봉하다

태양

호랑이

우산

**3** 듣고 **U u** 로 시작되는 이름에 원을 그리세요.

우산

심판

텐트

호랑이

위로

바다

**36** Magic 초등 영어 파닉스

## Chant Together 들으면서 따라하세요.

**S S S** sea   **s s s** seal   **S S S** sun
**T T T** ten   **t t t** tent   **T T T** tiger
**U U U** umbrella   **u u u** umpire   **U U U** up

## Listen and Repeat 듣고 따라하세요.

I like the **sea**.
How about you ?

I like the **tent**.
How about you ?

I like the **umbrella**.
What about you ?

**More Words**
더 알아 보아요

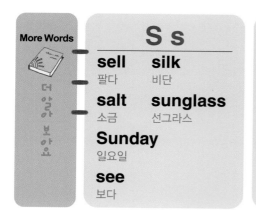

| S s | |
|---|---|
| **sell** 팔다 | **silk** 비단 |
| **salt** 소금 | **sunglass** 선그라스 |
| **Sunday** 일요일 | |
| **see** 보다 | |

| T t | |
|---|---|
| **story** 이야기 | **tail** 꼬리 |
| **tree** 나무 | **toy** 장난감 |
| **tooth** 치아 | |

| U u | |
|---|---|
| **sunshine** 햇빛 | |
| **subway** 지하철 | |
| **bus** 버스 | **mug** 머그컵 |
| **cup** 컵 | **lump** 덩어리 |

# Unit 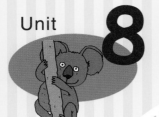 8 Vv, Ww, Xx의 소리

 ## Listen and Repeat 듣고 따라하세요.

## V v violin [váiəlín]

**V v** 는 /**브**/ 소릿값을 가집니다.

\* /브/소리는 아랫입술을 깨물고 바람을 내며 소리를 내세요.

## W w window [wíndou]

**W w** 는 /**우**/ 소릿값을 가집니다.

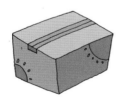

## X x box [báks]

**X x** 는 /**크스**/ 소릿값을 가집니다.

 ## Read and Write / 브 /, / 우 /, / 크스 / 라고 읽으면서 쓰세요.

V v    W w    X x

**V** v

**vase**

[véis]

꽃병

**vet**

[vét]

수의사

**violin**

[váiəlín]

바이올린

**W** w

**watch**

[wátʃ]

시계

**web**

[wéb]

거미집

**window**

[wíndou]

창문

**X** x

**bo**x

[báks]

상자

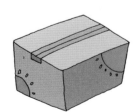

**fo**x

[fáks]

여우

**mi**x

[míks]

섞다

# Listen and Circle 듣고 동그라미를 그리세요.

**1** 듣고 **V v** 로 시작되는 이름에 원을 그리세요.

꽃병

시계

수의사

창문

바이올린

여우

**2** 듣고 **W w** 로 시작되는 이름에 원을 그리세요.

시계

수의사

거미집

상자

창문

섞다

**3** 듣고 **X x** 가 들어가는 이름에 원을 그리세요.

상자

꽃병

여우

바이올린

섞다

거미집

V V V vase v v v vet V V V violin

W W W watch w w w web W W W window

X X X box x x x fox X X X mix

Listen and Repeat 듣고 따라하세요.

Do you have a **violin** ?
Yes, I have a red one.

Do you have a **watch** ?
Yes, I have a blue one.

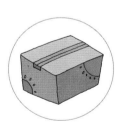

Do you have a **box** ?
No, I don't.

**More Words**

더 알아 보아요

| V v | | W w | | X x | |
|---|---|---|---|---|---|
| **verb** | **village** | **witch** | **win** | **six** | **ox** |
| 동사 | 마을 | 마녀 | 이기다 | 6 | 황소 |
| **vow** | **very** | **wallet** | **water** | | |
| 맹세하다 | 매우 | 지갑 | 물 | | |
| **silver** | **volume** | **walk** | **wake** | | |
| 은색 | 볼륨, 크기 | 걷다 | 깨우다 | | |

# 9 Yy, Zz의 소리

## Listen and Repeat 듣고 따라하세요.

# Y y  **yo-yo**  [jóujou]

**Y y** 는 / **이** / 소릿값을 가집니다.

# Z z  **zebra**  [zíːbrə]

**Z z** 는 / **즈** / 소릿값을 가집니다.

## Read and Write / 이 / , / 즈 / 라고 읽으면서 쓰세요.

Y y    Z z

# Y y

## yarn
[jáːrn]
털실

## yellow
[jélou]
노란색

## yo-yo
[jóujou]
요요

# Z z

## zebra
[zíːbrə]
얼룩말

## zipper
[zípər]
지퍼

## zoo
[zúː]
동물원

# Listen and Circle 듣고 동그라미를 그리세요.

**1** 듣고 **Y y** 로 시작되는 이름에 원을 그리세요.

얼룩말　　　　　　　　　　털실　　　　　　　　　　요요

지퍼　　　　　　　　노란색

**2** 듣고 **Z z** 로 시작되는 이름에 원을 그리세요.

요요　　　　　　　　얼룩말　　　　　　　　지퍼

털실　　　　　　　동물원

Y Y Y yarn y y y yellow  Y Y Y yo-yo

Z Z Z zebra z z z zipper Z Z Z zoo

Listen and Repeat 듣고 따라하세요.

**What do you see ?**
**I see a yellow pen.**

**What do you see ?**
**I see a yo-yo.**

**What do you see ?**
**I see a zebra.**

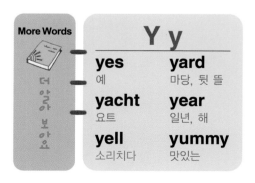

**More Words**
더 알아 보아요

| Y y | |
|---|---|
| **yes** | **yard** |
| 예 | 마당, 뒷 뜰 |
| **yacht** | **year** |
| 요트 | 일년, 해 |
| **yell** | **yummy** |
| 소리치다 | 맛있는 |

| Z z |
|---|
| **size** |
| 사이즈, 크기 |
| **zero** |
| 영(0), 제로 |
| **zigzag** |
| 지그재그 |

# Part 2

# Vowel Sounds

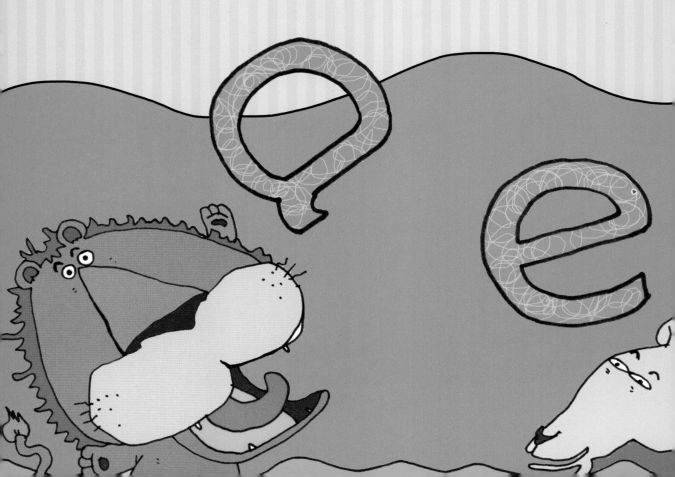

# 영어의 모음 소리를 알자!

# Unit **1** 단모음 $A\,a$의 소리

 단모음 **A a**는 / 애 / 소릿값을 가짐

 **a** +  **n** = **an**
　　/애/　　　　　　　/은/　　/애-은/ ⋯ /앤/

 **a** + **t** = **at**
　　/애/　　　　　　　/트/　　/애-트/ ⋯ /애트/

**c** + **an** = **can**
/크/　　/앤/　　/크-앤/ ⋯ /캔/

**h** + **at** = **hat**
/흐/　　/앹/　　/흐-앹/ ⋯ /햍, 해트/

## Listen and Write. 듣고 소릿값을 써 보세요.

**1** can

/크-애-은/=/캔/

**2** fan

/        /=/   /

**3** man

/        /=/   /

**4** cat

/        /=/   /

'크' '프' '므'의 소릿값은 뒤에 모음과 만나면 '으'를 빼고 발음을 만들면 됩니다.
소릿값을 합칠 때 '크'를 'ㅋ'로 생각하면 됩니다.
다른 모든 소릿값도 동일하게 생각하세요.

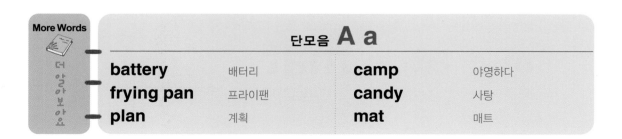

**More Words**

### 단모음 A a

| battery | 배터리 | camp | 야영하다 |
|---------|--------|------|----------|
| frying pan | 프라이팬 | candy | 사탕 |
| plan | 계획 | mat | 매트 |

c + an → **can**
[kǽn]
캔

f + an → **fan**
[fǽn]
선풍기

m + an → **man**
[mǽn]
남자

c + at → **cat**
[kǽt]
고양이

h + at → **hat**
[hǽt]
모자

m + at → **mat**
[mǽt]
매트

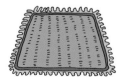

1 **can** •

• a

2 **fan** •

• b

3 **man** •

• c

4 **cat** •

• d

5 **hat** •

• e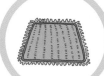

6 **mat** •

• f

## Read and Write 읽고 쓰세요.

1. **can**   can
2. **fan**   fan
3. **cat**   cat
4. **hat**   hat

## Listen and Read. 듣고 따라 읽으세요.

The man has a **fan**.
The man has a **can**.

The cat has a **mat**.
The cat has a **hat**.

The **man** and
**cat** play together.

# 단모음 **Ee**의 소리

 단모음 **E e**는 / 에 / 소릿값을 가짐

**e** +  **n** = **en**
/에/         /은/    /에-은/ ⋯ /**엔**/

**e** +  **t** = **et**
/에/         /트/    /에-트/ ⋯ /**에트**/

**h** + **en** = **hen**
/흐/    /엔/     /흐-엔/ ⋯ /**헨**/

**j** + **et** = **jet**
/즈/    /에트/    /즈-에트/ ⋯ /**제트**/

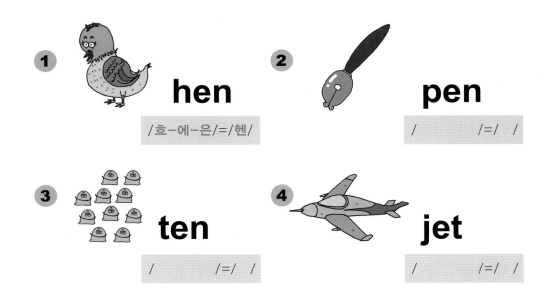

**1** hen

/ 흐-에-은 / = / 헨 /

**2** pen

/          / = /    /

**3**  ten

/          / = /    /

**4** jet

/          / = /    /

'흐' '프' '트' '즈'의 소릿값은 뒤에 모음과 만나면 '으'를 빼고 발음을 만들면 됩니다. 소릿값을 합칠 때 '흐'를 'ㅎ'로 생각하면 됩니다.
다른 모든 소릿값도 동일하게 생각하세요.

**More Words**

더 알아보아요

| 단모음 **E e** | | | |
|---|---|---|---|
| **bed** | 침대 | **pet** | 애완동물 |
| **let** | 시키다 | **red** | 빨간 |
| **men** | 남자들 | **send** | 보내다 |

h + **en** → **hen**
[hén]
암탉

p + **en** → **pen**
[pén]
펜

t + **en** → **ten**
[tén]
열

j + **et** → **jet**
[dʒét]
제트기

n + **et** → **net**
[nét]
그물

w + **et** → **wet**
[wét]
젖은

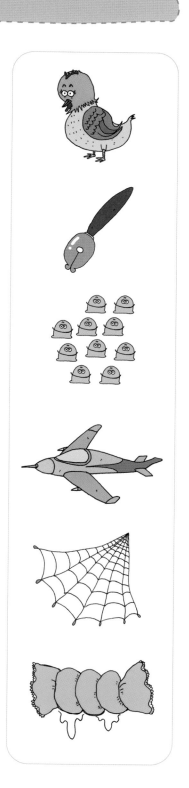

**1** hen •                    • **a**

**2** pen •                    • **b**

**3** ten •                    • **c**

**4** jet •                    • **d**

**5** net •                    • **e**

**6** wet •                    • **f**

## Read and Write 읽고 쓰세요.

1. **hen**   hen

2. **pen**   pen

3. **jet**   jet

4. **net**   net

## Listen and Read. 듣고 따라 읽으세요.

**The hen likes a pen.**

**The hen likes a jet.**

**The jet is wet.**

**The jet is small.**

**The net is big.**

**The net is yellow.**

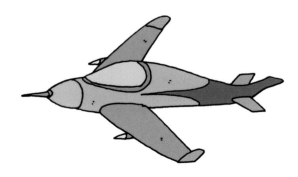

# Unit 3 단모음 Ii의 소리

 단모음 Ii는 / 이 / 소릿값을 가짐

i   +    g   =   **ig**

/이/                /그/       /이-그/ ⋯ /**이그**/

i   +    n   =   **in**

/이/                /은/       /이-은/ ⋯ /**인**/

p   +   ig   =   **pig**

/프/       /이그/       /프-이그/ ⋯ /**피그**/

f   +   in   =   **fin**

/프/       /인/       /프-인/ ⋯ /**핀**/

## Listen and Write. 듣고 소릿값을 써 보세요. ✏

**1** fin
/ 프-이-은 / = / 핀 /

**2** pin
/      / = / /

**3** hit
/    / = / /

**4** sit
/    / = / /

한마디!

'프' '흐' '쓰'의 소릿값은 뒤에 모음과 만나면 '으'를 빼고 발음을 만들면 됩니다.
소릿값을 합칠 때 '프'를 'ㅍ'로 생각하면 됩니다.
다른 모든 소릿값도 동일하게 생각하세요.

**More Words**

더 알아보아요

| 단모음 l i | | | |
|---|---|---|---|
| did | 했다 | pin | 핀 |
| fit | (옷이) 맞다 | hint | 힌트 |
| sink | 가라앉다 | pink | 분홍색 |

p + **ig** → **pig**
[píg]
돼지

w + **ig** → **wig**
[wíg]
가발

f + **in** → **fin**
[fín]
지느러미

p + **in** → **pin**
[pín]
핀

h + **it** → **hit**
[hít]
치다

s + **it** → **sit**
[sít]
앉다

# Listen and match. 들고 맞는 그림과 선으로 연결하세요.

**1** **pig** • • **a**

**2** **wig** • • **b**

**3** **fin** • • **c**

**4** **pin** • • **d**

**5** **hit** • • **e**

**6** **sit** • • **f**

## Read and Write 읽고 쓰세요.

1. **pig**    pig
2. **fin**    fin
3. **hit**    hit
4. **sit**    sit

## Listen and Read. 듣고 따라 읽으세요.

The **pig** has a **wig**.
The **pig** has a **pin**.

The **fish** has a **wig**.
The **fish** has a **fin**.

The **pig** **hits** the ball.
The **pig** **sits** on the chair.

# Unit 4 단모음 Oo의 소리

 단모음 O o는 / 아 / 소릿값을 가짐

 o +  p = **op**

/아/      /프/     /아-프/ ⋯ /아프/

 o +  t = **ot**

/아/      /트/     /아-트/ ⋯ /아트/

m + op = **mop**

/므/    /아프/     /므-아프/ ⋯ /마프/

d + ot = **dot**

/드/    /아트/     /드-아트/ ⋯ /다트/

# Listen and Write. 듣고 소릿값을 써 보세요.

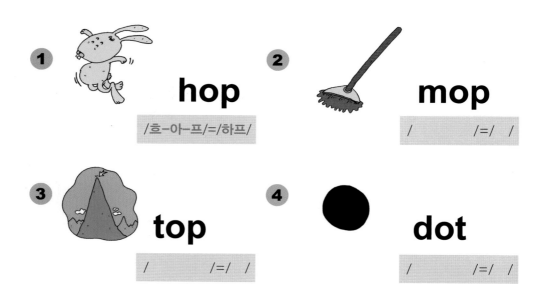

**1** **hop**
/흐-아-프/=/하프/

**2** **mop**
/     /=/  /

**3** **top**
/     /=/  /

**4** **dot**
/     /=/  /

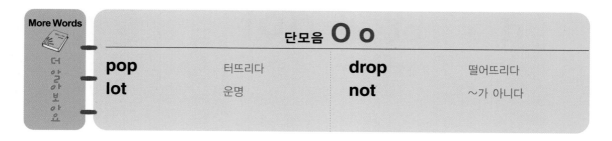

**More Words**
더 알아보아요

| 단모음 **O o** | | | |
|---|---|---|---|
| **pop** | 터뜨리다 | **drop** | 떨어뜨리다 |
| **lot** | 운명 | **not** | ～가 아니다 |

h + **op** → **hop**
[háp]
뛰다

m + **op** → **mop**
[máp]
대걸레

t + **op** → **top**
[táp]
꼭대기

d + **ot** → **dot**
[dát]
점

h + **ot** → **hot**
[hát]
뜨거운

p + **ot** → **pot**
[pát]
냄비

# Listen and match. 듣고 맞는 그림과 선으로 연결하세요.

1 **hop** •    • **a**

2 **mop** •    • **b**

3 **top** •    • **c**

4 **dot** •    • **d**

5 **hot** •    • **e**

6 **pot** •    • **f**

Read and Write 읽고 쓰세요. 🖌

**1** **hop** hop

**2** **mop** mop

**3** **dot** dot

**4** **pot** pot

 Listen and Read. 듣고 따라 읽으세요.

The dog has a black **dot**.

The dog has a white **mop**.

I can **hop**.

I can climb to the **top**.

The dog can **hop**, too.

# Unit 5 단모음 **U u**의 소리

 단모음 **U u**는 / 어 / 소릿값을 가짐

 **u** + **g** = **ug**
/어/　　　　　/그/　/어-그/ … /어그/

 **u** + **t** = **ut**
/어/　　　　　/트/　/어-트/ … /어트/

**b** + **ug** = **bug**　
/브/　/어그/　/브-어그/ … /버그/

**c** + **ut** = **cut**　
/크/　/어트/　/크-어트/ … /커트/

## Listen and Write. 듣고 소릿값을 써 보세요. 🖌

**1** **bug**

/브-어-그/=/버그/

**2** **hug**

/      /=/    /

**3** **mug**

/      /=/    /

**4** **cut**

/      /=/    /

**More Words**

더 알아보아요

### 단모음 U u

| jungle | 정글 | but | 그러나 |
|---|---|---|---|
| bud | 꽃봉오리 | mud | 진흙 |
| fun | 재미있는 | | |

b + ug → **bug**
[bʌ́g]
벌레

h + ug → **hug**
[hʌ́g]
껴안다

m + ug → **mug**
[mʌ́g]
머그컵

c + ut → **cut**
[cʌ́t]
자르다

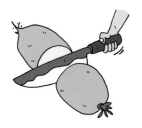

h + ut → **hut**
[hʌ́t]
오두막

n + ut → **nut**
[nʌ́t]
견과류

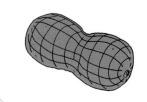

**1 bug** •　　　• **a**

**2 hug** •　　　• **b**

**3 mug** •　　　• **c**

**4 cut** •　　　• **d**

**5 hut** •　　　• **e**

**6 nut** •　　　• **f**

## Read and Write 읽고 쓰세요.

1. **bug** bug

2. **mug** mug

3. **hut** hut

4. **nut** nut

## Listen and Read. 듣고 따라 읽으세요.

The **bug** eats a **nut**.
The **bug** eats cake.

The **bug** **cuts** the **mug**.
The **bug** **cuts** the **hut**.

The **bug** and ant **hug**.

# 장모음 A a 의 소리

 장모음 **A a**는 / 에이 / 소릿값을 가짐

c + ake = **cake**

/크/ /에이-크/ /크-에이크/ ⋯ /케이크/

t + ape = **tape**

/트/ /에이-프/ /트-에이프/ ⋯ /테이프/

## Listen and Write. 듣고 소릿값을 써 보세요.

 **1** **bake**

/브-에이-크/=/베이크/

 **2** **cake**

/    /=/  /

 **3** **game**

/    /=/  /

 **4** **lake**

/    /=/  /

한마디!

단어 끝에 오는 'e'는 자기는 소리를 내지 않고, 자기 바로 앞에 있는 모음을 장모음으로 변화시킴

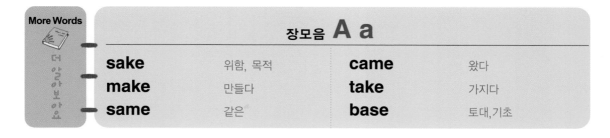

**More Words**
더 알아 보아요

| 장모음 A a | | |
|---|---|---|
| **sake** | 위함, 목적 | |
| **make** | 만들다 | |
| **same** | 같은 | |
| **came** | 왔다 | |
| **take** | 가지다 | |
| **base** | 토대, 기초 | |

b +**ake** → **bake**
[béik]
굽다

c +**ake** → **cake**
[kéik]
케이크

g +**ame** → **game**
[géim]
게임

l +**ake** → **lake**
[léik]
호수

t +**ape** → **tape**
[téip]
테이프

v +**ase** → **vase**
[véis]
꽃병

# Listen and match. 듣고 맞는 그림과 선으로 연결하세요.

1 **bake**  •  • a

2 **cake**  •  • b

3 **game**  •  • c

4 **lake**  •  • d

5 **tape**  •  • e

6 **vase**  •  • f

## Read and Write 읽고 쓰세요. 🖌

1. **bake** bake

2. **cake** cake

3. **game** game

4. **tape** tape

## Listen and Read. 듣고 따라 읽으세요.

**What can you see ?**

**I can see cake.**

**What can you see ?**

**I can see a tape.**

**What can you see ?**

**I can see a vase.**

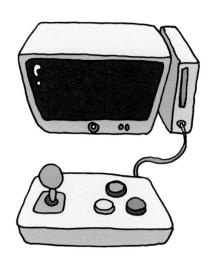

# 장모음 **Ee**의 소리

 장모음 **E e**는 / 이~ / 소릿값을 가짐

h + e = **he**
/흐/ /이~/ … /히이/

sh + e = **she**
/쉬/ /이~/ … /쉬이/

m + e = **me**
/므/ /이~/ … /미이/

w + e = **we**
/우/ /이~/ … /위이/

Listen and Write. 듣고 소릿값을 써 보세요.

**1**  **he**

/ ㅎ-이～/ = / 히이 /

**2** **she**

/ / = / /

**3** **me**

/ / = / /

**4** **we**

/ / = / /

**More Words**

더 알아보아요

장모음 **E e**

**Pete**          피트 ( 사람이름)

h + e → **he**
[hí:]
그 사람

sh + e → **she**
[ʃí:]
그 여자

m + e → **me**
[mí:]
나를, 나에게

w + e → **we**
[wí:]
우리

**1 he** •

• **a**

**2 she** •

• **b**

**3 we** •

• **c**

## Read and Write 읽고 쓰세요.

1. **he**    he

2. **she**    she

3. **me**    me

4. **we**    we

## Listen and Read. 듣고 따라 읽으세요.

Who is **he** ?
**He** is my dad.

Who is **she**?
**She** is my mom.

# Unit 8 장모음 **Ii** 의 소리

 장모음 **Ii**는 / **아이** / 소릿값을 가짐

b  +  ike  =  **bike**

/브/  /아이-크/  /브-아이크/ ⋯ /바이크/

p  +  ine  =  **pine**

/프/  /아이-은/  /프-아인/ ⋯ /파인/

# Listen and Write. 듣고 소릿값을 써 보세요.

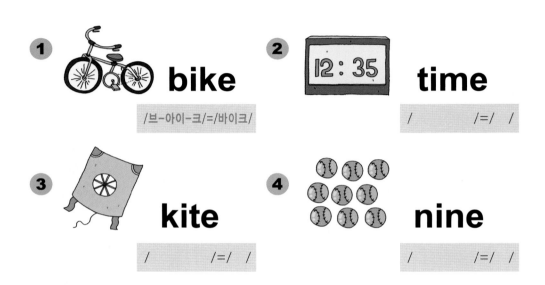

**1** bike

/브-아이-크/=/바이크/

**2** time

/　　　/=/　/

**3** kite

/　　/=/　/

**4** nine

/　　　/=/　/

단어 끝에 오는 'e'는 자기는 소리를 내지 않고, 자기 바로 앞에 있는 모음을 장모음으로 변화시킴

**More Words**
더 알아보아요

### 장모음 Ⅰ i

| bite | 물다 | mine | 나의 것 |
|------|------|------|---------|
| fine | 좋은 | line | 선 |
| tide | 흐름 | vine | 포도나무, 덩굴식물 |

b + **ike** → **bike**
[bàik]
자전거

f + **ire** → **fire**
[fàiər]
불

k + **ite** → **kite**
[kàit]
연

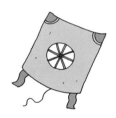

n + **ine** → **nine**
[nàin]
9

p + **ine** → **pine**
[pàin]
소나무

t + **ime** → **time**
[tàim]
시간

1 **bike** •     • a

2 **fire** •     • b

3 **kite** •     • c

4 **nine** •     • d

5 **pine** •     • e

6 **time** •     • f

## Read and Write 읽고 쓰세요. ✏

1 **bike** bike

2 **kite** kite

3 **nine** nine

4 **pine** pine

## Listen and Read. 듣고 따라 읽으세요.

Do you have a **bike** ?
Yes, I have two **bikes**.

Do you have a **kite**?
Yes, I have nine **kites**.

Do you have a **pine**?
No, I don't.

# 장모음 O o 의 소리

장모음 O o 는 / 오우 / 소릿값을 가짐

c + one = **cone**
/크/  /오우-은/   /크-오운/ ⋯ /코운/

h + ose = **hose**
/흐/  /오우-즈/   /흐-오우즈/ ⋯ /호우즈/

## Listen and Write. 듣고 소릿값을 써 보세요.

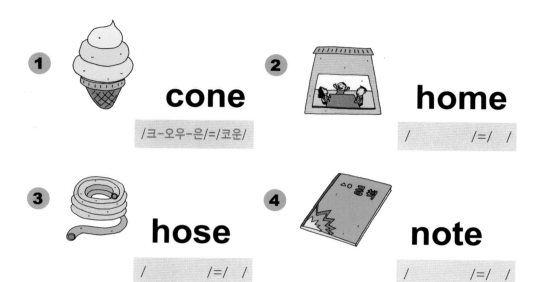

**1** **cone**
/ㅋ-오우-은/=/코운/

**2** **home**
/     /=/   /

**3** **hose**
/     /=/   /

**4** **note**
/     /=/   /

단어 끝에 오는 'e'는 자기는 소리를 내지 않고, 자기 바로 앞에 있는 모음을
장모음으로 변화시킴

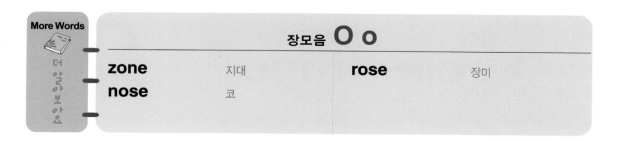

**More Words**
더 알아보아요

| 장모음 O o | | | |
|---|---|---|---|
| **zone** | 지대 | **rose** | 장미 |
| **nose** | 코 | | |

Listen and Repeat. 듣고 따라하세요.

c + **one** → **cone**
[kóun]
아이스크림 콘

h + **ome** → **home**
[hóum]
집

h + **ose** → **hose**
[hóuz]
호스

n + **ote** → **note**
[nóut]
노트

r + **obe** → **robe**
[róub]
길고 헐거운 겉옷

r + **ope** → **rope**
[róup]
밧줄

## Listen and match. 듣고 맞는 그림과 선으로 연결하세요.

1 **cone** •                    • a

2 **home** •                    • b

3 **hose** •                    • c

4 **note** •                    • d

5 **robe** •                    • e

6 **rope** •                    • f

Read and Write 읽고 쓰세요. 🖌

1 **cone** cone

2 **hose** hose

3 **robe** robe

4 **rope** rope

 Listen and Read. 듣고 따라 읽으세요.

**What do you want to buy ?**
**I want to buy a note.**

**What do you want to buy ?**
**I want to buy two hoses.**

**What do you want to buy ?**
**I want to buy three robes.**

# Unit 10 장모음 U u 의 소리

장모음 **U u**는 / 유~ / 소릿값을 가짐

c + ute = **cute**

/크/ /유~ -트/ /크-유~트/ ··· /큐유트/

J + une = **June**

/즈/ /유~ -은/ /즈-유~은/ ··· /쥬윤/

**①** cube

/ㅋ-유~ -브/=/큐유브/

**②** cute

/   /=/ /

**③** fuse

/   /=/ /

**④** June

/   /=/ /

단어 끝에 오는 '**e**'는 자기는 소리를 내지 않고, 자기 바로 앞에 있는 모음을 장모음으로 변화시킴

**More Words**

장모음 U u

| pupil | 학생 | tulip | 튤립 |

c + **ube** → **cube**
[kjúːb]
큐브 정육면체

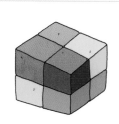

c + **ute** → **cute**
[kjúːt]
귀여운

f + **use** → **fuse**
[fjúːz]
퓨즈

J + **une** → **June**
[dʒúːn]
6월

m + **ule** → **mule**
[mjúːl]
노새

t + **ube** → **tube**
[tjúːb]
튜브, 관

1. **cube** •　　　　　• **a**

2. **cute** •　　　　　• **b**

3. **fuse** •　　　　　• **c**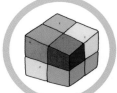

4. **June** •　　　　　• **d**

5. **mule** •　　　　　• **e**

6. **tube** •　　　　　• **f**

1 **cube** cube

2 **fuse** fuse

3 **mule** mule

4 **tube** tube

Listen and Read. 듣고 따라 읽으세요.

How many **cubes** are there ?

There are four **cubes**.

How many **mules** are there ?

There are five **mules**.

How many **tubes** are there ?

There are six **tubes**.

# Part 3

# Double Letter Consonants

# 영어의 이중 자음 소리를 알자!

# 이중 자음 ng, nk의 소리

 이중 자음 **ng**는 / **응**, o / 소릿값을 가짐

**ki** + **ng** = **king**

/키/ /응/ ···▶ /키-응/ ···▶ /킹/

 이중 자음 **nk**는 / **응크** / 소릿값을 가짐

**pi** + **nk** = **pink**

/피/ /응크/ ···▶ /피-응크/ ···▶ /핑크/

 **Think and Write** 생각하고 소릿값을 써 보세요.

**1** **ring**

/리-응/ = /링/

**2** **sing**  

/ / = / /

**3** **ink**

/ / = / /

**4** **bank**

/ / = / /

## Listen and Repeat 듣고 따라하세요.

**ki**n**g**
[kíŋ] 왕

**r**i**ng**
[ríŋ] 반지

**s**i**ng**
[síŋ] 노래하다

**w**i**ng**
[wíŋ] 날개

**sw**i**ng**
[swíŋ] 그네

**stro**n**g**
[stró:ŋ] 강한

**i**n**k**
[íŋk] 잉크

**ba**n**k**
[bǽŋk] 은행

**pi**n**k**
[píŋk] 분홍색

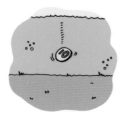

**si**n**k**
[síŋk] 가라앉다

**wi**n**k**
[wíŋk] 윙크하다

**dri**n**k**
[dríŋk] 마시다

## Unit 2 이중 자음 ch, sh의 소리

 이중 자음 ch는 / 취 / 소릿값을 가짐

ben + ch = **bench**

/벤/　　/취/　…▶　/벤취/

 이중 자음 sh는 / 쉬 / 소릿값을 가짐

sh + ip = **ship**

/쉬/　　/이프/　…▶　/쉽/

 Think and Write 생각하고 소릿값을 써 보세요. 🖌

**① cheese**

/취-이~즈/ = /취이즈/

**② lunch**

/　　/ = /　　/

**③ shop**

/　　/ = /　　/

**④ fish**

/　　/ = /　　/

# church
[tʃə́ːrtʃ] 교회

# cheese
[tʃíːz] 치즈

# cherry
[tʃéri] 체리

# bench
[bentʃ] 의자

# lunch
[lʌ́ntʃ] 점심

# branch
[bræntʃ] 나뭇가지

# ship
[ʃíp] 배

# shop
[ʃap] 가게

# shell
[ʃél] 껍데기

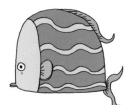

# fish
[fíʃ] 물고기

# wash
[wáʃ] 씻다

# brush
[brʌ́ʃ] 닦다

Unit **3**

# 이중 자음 **th**의 소리

 이중 자음 **th**는 / **-드** / 소릿값을 가짐

**th** + **is** = **this**

/-드/ /이쓰/ ···▶ /디쓰/

 이중 자음 **th**는 / **-쓰** / 소릿값을 가짐

**th** + **ree** = **three**

/-쓰/ /리이/ ···▶ /쓰리이/

 'th' 는 이로 혀끝을 깨물며 소리를 내세요.

 Think and Write 생각하고 소릿값을 써 보세요.

**1** that

/드-앹/ = /댙/

**2** mother

/ / = / /

**3** mouth

/ / = / /

**4** teeth

/ / = / /

## **this**
[ðís] 이것

## **that**
[ðǽt] 저것

## **father**
[fáːðər] 아버지

## **mother**
[mʌ́ðər] 어머니

## **together**
[təgéðər] 함께

## **weather**
[wéðər] 날씨

## **bath**
[bǽθ] 목욕하다

## **mouth**
[màuθ] 입

## **teeth**
[tíːθ] 치아들

## **thin**
[θín] 얇은

## **three**
[θríː] 3

## **thumb**
[θʌ́m] 엄지 손가락

# Review 1

## Listen and Circle 들고 맞는 그림에 원을 그리세요.

**1**

wing    wink

**2**

sink    sing

**3**

bench    branch

**4**

ship    shop

**5**

fish    wash

**6**

thin    this

**7**

bath    math

**8**

spring    swing

**1**

ri＿＿

**2**

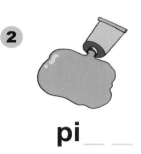

pi＿＿

**3**

＿＿erry

**4**

＿＿ip

**5**

＿＿umb

**6**

swi＿＿

**7**

mo＿＿er

**8**

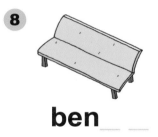

ben＿

**9**

bru＿＿

**10**

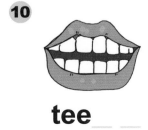

tee＿

**11**

ba＿＿

**12**

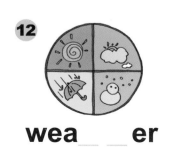

wea＿＿er

# Part 4

# Double Letter Vowels

# 영어의 이중 모음 소리를 알자!

# Unit 1

## 이중 모음 ai, ay의 소리

 이중 모음 **ai**, **ay**는 / 에이 / 소릿값을 가짐

**r** + **ai** + **n** = **rain**
/르/     /에이/     /은/ ⋯ /레이-은/ ⋯ /레인/

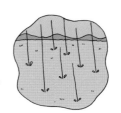

**gr** + **ay** = **gray**
/그르/     /에이/   ⋯   /그레이/

 **Think and Write** 생각하고 소릿값을 써 보세요.

**1 mail**
/므-에이-을/ = /메일/

**2 train**
/    / = /    /

**3 hay**
/    / = /    /

**4 play**
/    / = /    /

## mail
[méil] 메일

## pail
[péil] 양동이

## rail
[réil] 철도길

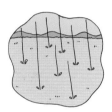

## rain
[réin] 비

## snail
[snéil] 달팽이

## train
[tréin] 기차

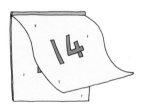

## day
[déi] 날

## hay
[héi] 건초

## clay
[kléi] 점토, 찰흙

## gray
[gréi] 회색의

## play
[pléi] 놀다

## pray
[préi] 기도하다

# 2 이중 모음 au, aw의 소리

 이중 모음 au, aw는 / 오~ / 소릿값을 가짐

au + dio = **audio**
/오~/    /디오/    ···    /오~디오/

j + aw = **jaw**
/즈/    /오~/    ···    /조오/

 **Think and Write** 생각하고 소릿값을 써 보세요.

**①** **auto**

/오~ -토우/ = /오~토우/

**②** **August**

/    / = /    /

**③** **hawk**

/    / = /    /

**④** **lawn**

/    / = /    /

## audio
[ɔ́:diòu] 오디오

## auto
[ɔ́:tou] 자동차

## sauce
[sɔ́:s] 소스

## August
[ɔ́:gəst] 8월

## autumn
[ɔ́:təm] 가을

## daughter
[dɔ́:tər] 딸

## jaw
[dʒɔ́:] 턱

## law
[lɔ́:] 법

## dawn
[dɔ́:n] 새벽

## hawk
[hɔ́:k] 매

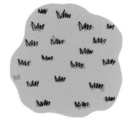

## lawn
[lɔ́:n] 잔디

## straw
[strɔ́:] 빨대

# 이중 모음 ee, ea의 소리

 이중 모음 ee, ea는 / 이~ / 소릿값을 가짐

b + ee = **bee**
/브/ /이~/ ···▶ /비이/

s + ea = **sea**
/쓰/ /이~/ ···▶ /씨이/

 **Think and Write** 생각하고 소릿값을 써 보세요. 🖌

**1** tree

/트-르-이~/ = /트리이/

**2** green
/ / = / /

**3** tea

/ / = / /

**4** leaf
/ / = / /

## bee
[bíː] 벌

## see
[síː] 보다

## jeep
[dʒíːp] 지프차

## meet
[míːt] 만나다

## tree
[tríː] 나무

## green
[gríːn] 녹색

## sea
[síː] 바다

## tea
[tíː] 차

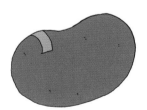

## bean
[bíːn] 콩

## leaf
[líːf] 나뭇잎

## meal
[míːl] 식사

## seal
[síːl] 봉하다

# 이중 모음 oa, ow의 소리

 이중 모음 **oa**, **ow**는 / **오우** / 소릿값을 가짐

b + oa + t = **boat**
/브/   /오우/   /트/ ···▶ /보우트/

sn + ow = **snow**
/스느/   /오우/ ···▶ /스노우/

 **Think and Write** 생각하고 소릿값을 써 보세요. 🖌

**1** **coat**

/크-오우-트/ = /코우트/

**2** **soap**

/   / = /   /

**3** **pillow**

/   / = /   /

**4** **yellow**

/   / = /   /

## boat
[bóut] 보트

## coat
[kóut] 코트

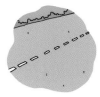

## road
[róud] 길

## soap
[sóup] 비누

## toad
[tóud] 두꺼비

## toast
[tóust] 토스트

## blow
[blóu] 불다

## crow
[króu] 까마귀

## snow
[snóu] 눈

## pillow
[pílou] 베개

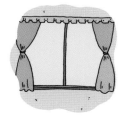

## window
[wíndou] 창문

## yellow
[jélou] 노란색

# 이중 모음 OW, OU의 소리

 이중 모음 ow, ou는 / 아우 / 소릿값을 가짐

C + OW = **COW**
/크/ /아우/ ···▸ /카우/

m + ou + se = **mouse**
/므/ /아우/ /쓰/ ···▸ /마우쓰/

 **Think and Write** 생각하고 소릿값을 써 보세요.

**1** owl

/아우-을/ = /아울/

**2** crown

/ / = / /

**3** cloud

/ / = / /

**4** house

/ / = / /

## cow
[kàu] 암소

## owl
[àul] 부엉이

## gown
[gàun] 가운(긴 겉옷)

## town
[tàun] 도시, 시내

## crown
[kràun] 왕관

## flower
[flàuər] 꽃

## cloud
[klàud] 구름

## house
[haus] 집

## mouse
[màus] 생쥐

## round
[ràund] 둥근

## south
[sàuθ] 남쪽의

## blouse
[blàus] 블라우스

## Unit 6 이중 모음 OO의 소리

 이중 모음 oo는 / 우 / 또는 / 우~ / 소릿값을 가짐

b + oo + k = **book**
/브/ /우/ /크/ ⋯▸ /북/

m + oo + n = **moon**
/므/ /우~/ /은/ ⋯▸ /무운/

 **Think and Write** 생각하고 소릿값을 써 보세요.

❶ **cook**

| /크-우-크/ | = | /쿡/ |

❷ **hook**

| / | | / = / | / |

❸ **pool**

| / | | / = / | / |

❹ **spoon**

| / | | / = / | / |

**book**

[búk] 책

**cook**

[kúk] 요리하다

**hook**

[húk] 갈고리

**look**

[lúk] 보다

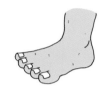

**foot**

[fút] 발

**wood**

[wúd] 숲

**cool**

[kúːl] 시원한

**moon**

[múːn] 달

**noon**

[núːn] 정오

**pool**

[púːl] 수영장

**spoon**

[spúːn] 스푼, 수저

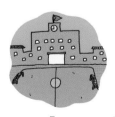

**school**

[skúːl] 학교

## Listen and Circle 듣고 맞는 그림에 원을 그리세요.

**1**  train    tray

**2**  haul    hawk

**3**  leaf    jeep

**4**  coat    crow

**5**  brown    blouse

**6**  cook    cool

**7**  pail    play

**8**  soap    snow

## See and Complete 다음 단어를 완성하세요.

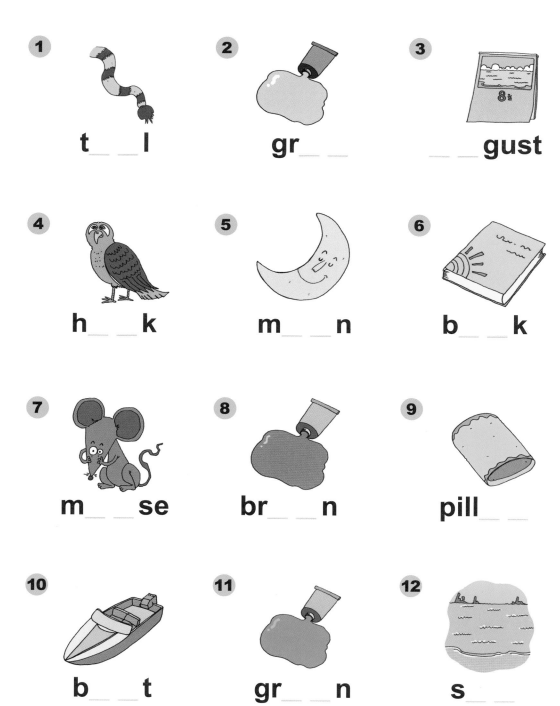

**1** t _ _ l

**2** gr _ _

**3** _ _ gust

**4** h _ _ k

**5** m _ _ n

**6** b _ _ k

**7** m _ _ se

**8** br _ _ n

**9** pill _ _

**10** b _ _ t

**11** gr _ _ n

**12** s _ _

# 동물들의 울음 소리

**pig** 돼지
oink oink

*oink oink*

*bowwow bowwow*

**cow** 암소
moo moo

*moo moo*

**dog** 개
bowwow

*cluck cluck*

*miaow miaow*

**cat** 고양이
miaow miaow

**hen** 암닭
cluck cluck

# 부록

# Alphabet Sounds (알파벳 소릿값)

| 알파벳 | 이 름 | 발 음 | 단 어 |
|---|---|---|---|
| A, a | 에이 | 애 | arrow(화살), ant(개미), apple(사과) |
| B, b | 비 | 브 | bed(침대), book(책), bus(버스) |
| C, c | 씨 | 크 | car(자동차), cat(고양이), cup(컵), |
| D, d | 디 | 드 | desk(책상), dog(강아지), doll(인형) |
| E, e | 이 | 에 | egg(달걀), elephant(코끼리), elf(요정) |
| F, f | 에프 | 프(흐) | fish(물고기), fire(불), frog(개구리) |
| G, g | 지 | 그 | girl(소녀), goat(염소), grass(풀밭) |
| H, h | 에이치 | 흐 | ham(햄), hat(모자), hippo(하마) |
| I, i | 아이 | 이 | igloo(이글루), ink(잉크), Indian(인디언) |
| J, j | 제이 | 즈 | jam(잼), jello(젤리), jet(제트기) |
| K, k | 케이 | 크 | key(열쇠), king(왕), koala(코알라) |
| L, l | 엘 | −을/르 | lamp(램프), leg(다리), lion(사자) |
| M, m | 엠 | −음/므 | melon(멜론), milk(우유), mouse(생쥐) |
| N, n | 엔 | −은/느 | nest(둥지), net(그물), nose(코) |
| O, o | 오우 | 아 | octopus(문어), owl(부엉이), ox(황소) |
| P, p | 피 | 프 | pen(펜), pig(돼지), pizza(피자) |
| Q, q | 큐 | 크(우) | queen(여왕), quilt(누비이불), quiz(퀴즈) |
| R, r | 알 | 르 | rabbit(토끼), ring(반지), rock(바위) |
| S, s | 에스 | 쓰 | sea(바다), seal(봉하다), sun(태양) |
| T, t | 티 | 트 | ten(열), tent(텐트), tiger(호랑이) |
| U, u | 유 | 어 | umbrella(우산), umpire(심판), up(위로) |
| V, v | 비 | 브 | vase(꽃병), vet(수의사), violin(바이올린) |
| W, w | 더블유 | 우 | watch(보다), web(거미집), window(창문) |
| X, x | 엑스 | 크스 | box(상자), fox(여우), mix(섞다) |
| Y, y | 와이 | 이 | yarn(털실), yellow(노란색), yo-yo(요요) |
| Z, z | 지 | 즈− | zebra(얼룩말), zipper(지퍼), zoo(동물원) |

## 두 가지로 소리가 나는 자음 소리

| 알 파 벳 | 이 름 | 발 음 | 단어 |
|---|---|---|---|
| C c (Hard) | 씨 | 크 | cat(고양이), cup(컵) |
| C c (Soft) | 씨 | 스 | city(도시), cinema(영화) |
| G g (Hard) | 지 | 그 | goat(염소), gum(껌) |
| G g (Soft) | 지 | 즈 | gym(체육관), giraffe(기린) |
| S s (Hard) | 에스 | 쓰 | sun(태양), seal(봉하다) |
| S s (Soft) | 에스 | 즈 | fuse(퓨즈), rose(장미) |

발음해 보세요.

**C c**

Hard /크/    **cat**    **cup**

Soft /스/    **city**    **cinema**

**G g**

Hard /그/    **goat**    **gum**

Soft /즈/    **gym**    **giraffe**

**S s**

Hard /쓰/    **sun**    **seal**

Soft /즈/    **fuse**    **rose**

# Vowel Sounds (모음 소리)

## 1 Short Sounds(단모음소리)

| 알파벳 | 이 름 | 발 음 | 단어 |
|---|---|---|---|
| **a** | 에이 | 애 | can(캔), fan(선풍기), man(남자)<br>cat(고양이), hat(모자), mat(매트) |
| **e** | 이 | 에 | hen(암닭), men(남자들), pen(펜)<br>jet(제트기), net(그물), wet(젖은) |
| **i** | 아이 | 이 | pig(돼지), wig(가발), fin(지느러미)<br>pin(핀), hit(치다), sit(앉다) |
| **o** | 오우 | 아 | hop(뛰다), mop(대걸레), top(꼭대기)<br>pot(냄비), hot(뜨거운), dot(점) |
| **u** | 유 | 어 | bug(벌레), hug(껴안다), mug(머그컵)<br>nut(견과류), hut(오두막), cut(자르다) |

## 2 Long Sounds(장모음소리)

| 알파벳 | 이 름 | 발 음 | 단어 |
|---|---|---|---|
| **a** | 에이 | 에이 | cake(케이크), lake(호수), bake(굽다)<br>tape(테이프), game(게임), vase(꽃병) |
| **e** | 이 | 이~ | he(그 남자), me( 나에게,나를)<br>Pete(피트 남자이름), she (그 여자) |
| **i** | 아이 | 아이 | bike(자전거), fire(불), kite(연)<br>nine(9), pine(소나무), time(시간) |
| **o** | 오우 | 오우 | cone(아이스크림 콘), home(집), hose(호스)<br>note(공책), robe(헐거운 긴 겉옷), rose(장미) |
| **u** | 유 | 유~ | cube(큐브, 정육면체), cute(귀여운), fuse(퓨즈), June(6월), mule(노새), tube(튜브, 관) |

# 정답 Answer

여러분이 푼 것과 맞는지 확인해 보세요.

# Answer

## Part 1 Alphabet Sounds

### Listen and Circle

**p 12**

1. arrow , ant , apple
2. bed , book , bus
3. car , cat , cup

**p 16**

1. desk , dog , doll
2. egg , elephant , elf
3. fish , fire , frog

**p 20**

1. girl , goat , grass
2. ham , hat , hippo
3. igloo , ink , Indian

**p 24**

1. jam , jello , jet
2. key , king , koala
3. lamp , leg , lion

**p 28**

1. melon , milk , mouse
2. nest , net , nose
3. octopus , owl , ox

**p 32**

1. pen , pig , pizza
2. queen , quilt , quiz
3. rabbit , ring , rock

**p 36**

1. sea , seal , sun
2. ten , tent , tiger
3. umbrella , umpire , up

**p 40**

1. vase , vet , violin
2. watch , web , window
3. box , fox , mix

**p 44**

1. yarn , yo-yo , yellow
2. zebra , zipper , zoo

## Part 2 Vowel Sounds

### Listen and Write

**p 49**

2. /프-애-은/ = /팬/
3. /므-애-은/ = /맨/
4. /크-애-트/ = /캩/

**p 54**

2. /프-에-은/ = /펜/
3. /트-에-은/ = /텐/
4. /즈-에-트/ = /젤/ , /제트/

**p 59**

2. /프-이-은/ = /핀/
3. /흐-이-트/ = /히트/
4. /쓰-이-트/ = /씨트/

**p 64**

2. /므-아-프/ = /마프/

3. /트-아-프/ = /타프/
4. /드-아-트/ = /다트/

**p 69**

2. /흐-어-그/ = /허그/
3. /므-어-그/ = /머그/
4. /크-어-트/ = /커트/

**p 74**

2. /크-에이-크/ = /케이크/
3. /그-에이-음/ = /게임/
4. /르-에이-크/ = /레이크/

**p 79**

2. /쉬-이~/ = /쉬이/
3. /므-이~/ = /미이/
4. /우-이~/ = /위이/

**p 84**

2. /트-아이-음/ = /타임/
3. /크-아이-트/ = /카이트/
4. /느-아이-은/ = /나인/

**p 89**

2. /흐-오우-음/ = /호움/
3. /흐-오우-쓰/ = /호우쓰/
4. /느-오우-트/ = /노우트/

**p 94**

2. /크-유~ -트/ = /큐유트/
3. /프-유~ -즈/ = /퓨유즈/
4. /즈-유~ -은/ = /쥬윤/

## Listen and Match

**p 51**

1.b   2.c   3.d   4.a   5.f   6.e

**p 56**

1.a   2.c   3.b   4.e   5.f   6.d

**p 61**

1.c   2.d   3.e   4.a   5.f   6.b

**p 66**

1.a   2.b   3.c   4.e   5.d   6.f

**p 71**

1.b   2.a   3.c   4.e   5.d   6.f

**p 76**

1.b   2.c   3.a   4.e   5.d   6.f

**p 81**

1.a   2.b   3.c

**p 86**

1.f   2.e   3.d   4.c   5.b   6.a

**p 91**

1.a   2.b   3.d   4.c   5.e   6.f

**p 96**

1.c   2.b   3.a   4.d   5.f   6.e

# Part 3 Double Letter Consonants

**Think and Write**

**p100**

2. /씨-응/ = /씽/
3. /이-응크/ = /잉크/
4. /배-응크/ = /뱅크/

# Answer

**p102**

2. /런-취/ = /런취/
3. /쉬-압/ = /샵/
4. /피-쉬/ = /피쉬/

**p104**

2. /마-드-어/ = /마더/
3. /마우-쓰/ = /마우쓰/
4. /티이-쓰/ = /티이쓰/

## Review 1
## Listen and Circle

**p106**

1. wing   2. sink   3. bench
4. shop   5. wash   6. thin
7. math   8. swing

## See and Complete

**p107**

1. ng  2. nk  3. ch  4. sh  5. th  6. ng
7. th  8. ch  9. sh  10. th  11. nk  12. th

# Part 4 Double Letter Vowels

## Think and Write

**p110**

2. /트르-에이-은/ = /트레인/
3. /흐-에이/ = /헤이/
4. /플르-에이/ = /플레이/

**p112**

2. /오~ - 거스트/ = /오~거스트/
3. /흐- 오~ - 크/ = /호~크/

4. /르-오~ - 은/ = /로온/

**p114**

2. /그르-이~ -은/ = /그리인/
3. /트-이~/ = /티~/
4. /르-이~ - 프/ = /리~프/

**p116**

2. /쓰-오우-프/ = /쓰우프/
3. /필르-오우/ = /필로우/
4. /옐르-오우/ = /옐로우/

**p118**

2. /크르-아우-은/ = /크라운/
3. /클르-아우-드/ = /클라우드/
4. /흐-아우-쓰/ = /하우쓰/

**p120**

2. /흐-우-크/ = /훅/
3. /프-우~ -을/ = /푸울/
4. /쓰프-우~ -은/ = /쓰푸운/

## Review 2
## Listen and Circle

**p122**

1. tray   2. hawk   3. leaf
4. coat   5. blouse   6. cool
7. pail   8. snow

**p123**

1. ai  2. ay  3. Au  4. aw  5. oo
6. oo  7. ou  8. ow  9. ow  10. oa
11. ee  12. ea

# 발음카드

예쁘게 오려서 발음 공부를 해 보세요!

알파벳 소리 A~Z 까지의 소리값
영어 장모음 단모음 소리값
영어 이중 자음과 이중 모음의 소리값

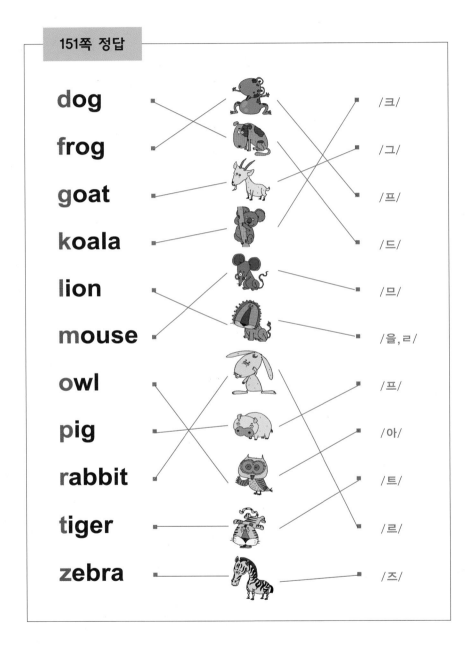

dog
frog
goat
koala
lion
mouse
owl
pig
rabbit
tiger
zebra

/크/
/그/
/프/
/드/
/므/
/을,르/
/프/
/아/
/트/
/르/
/즈/

# A a

**apple**

/애/ 사과

# B b

**bus**

/브/ 버스

# C c

**car**

/크/ 자동차

# D d

**dog**

/드/ 개

# E e

**egg**

/에/ 달걀

# F f

**frog**

/프(흐)/ 개구리

# bed

침대

# book

책

# arrow

화살

# ant

개미

# desk

책상

# doll

인형

# cut

자르다

# cup

컵

# fish

물고기

# fire

불

# elephant

코끼리

# elf

요정

# G g

**goat**

/그/ 염소

# H h

**hat**

/흐/ 모자

# I i

**igloo**

/이/ 이글루, 얼음집

# J j

**jet**

/즈/ 제트기

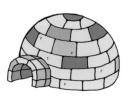

# K k

**koala**

/크/ 코알라

# L l

**lion**

/을, 르/ 사자

# ham

햄

# girl

소녀

# hippo

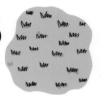

하마

# grass

잔디, 풀밭

# jam

잼

# ink

잉크

# jello

젤리

# Indian

인디언

# lamp

램프

# key

열쇠

# leg

다리

# king

왕

# M m

## mouse

/음,므/     생쥐

# N n

## nose

/은,느/     코

# O o

## owl

/아/     부엉이

# P p

## pig

/프/     돼지

# Q q

## queen

/크(우)/     여왕

# R r

## rabbit

/르/     토끼

# nest

둥지

# net

그물

# melon

멜론

# milk

우유

# pen

펜

# pizza

피자

# octopus

문어

# ox

황소

# ring

반지

# rock

바위

# quilt

누비이불

# quiz

퀴즈

# S s

## sun

/쓰/    태양

# T t

## tiger

/트/    호랑이

# U u

## umbrella

/어/    우산

# V v

## violin

/브/    바이올린

# W w

## window

/우/    창문

# X x

## box

/크스/    상자

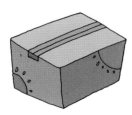

# ten

열

# tent

텐트

# sea

바다

# seal

봉하다

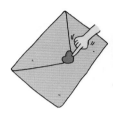

# vase

꽃병

# vet

수의사

# umpire

심판

# up

위로

# fox

여우

# mix

섞다

# watch

시계

# web

거미집

# Y y

## yo-yo
/이/          요요

# Z z

## zebra
/즈/          얼룩말

# c + an = can
/크/   /앤/    /크-앤/ ⋯ /캔/

# h + en = hen
/흐/   /엔/    /흐-엔/ ⋯ /헨/

# p + ig = pig
/피/   /이그/    /피-이그/ ⋯ /피그/

# m + op = mop
/므/   /아프/    /므-아프/ ⋯ /마프/

# zipper
지퍼

# zoo
동물원

# yarn
털실

# yellow
노란색

# j + et = jet
/즈/　/에트/　/즈-에트/ ⋯ /제트/

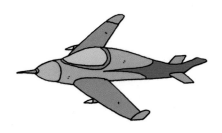

# h + at = hat
/흐/　/앹/　/흐-앹/ ⋯ /햍, 해트/

# d + ot = dot
/드/　/아트/　/드-아트/ ⋯ /다트/

# f + in = fin
/프/　/인/　/프-인/ ⋯ /핀/

# b + ug = bug

/브/　/어그/　　/브-어그/ ⋯▸ /버그/

# c + ake = cake

/크/　/에이-크/　　/크-에이크/ ⋯▸ /케이크/

# h + e = he

/흐/　/이~/　/히이/

# b + ike = bike

/브/　/아이-크/　　/브-아이크/ ⋯▸ /바이크/

# c + one = cone

/크/　/오우-은/　　/크-오운/ ⋯▸ /코운/

# c + ute = cute

/크/　/유~-트/　　/크-유~트/ ⋯▸ /큐유트/

# t + ape = tape

/트/ /에이-프/ **/트-에이프/** ⋯ /테이프/

# c + ut = cut

/크/ /어트/ **/크-어트/** ⋯ /커트/

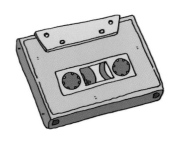

# p + ine = pine

/프/ /아이-은/ **/프-아인/** ⋯ /파인/

# sh + e = she

/쉬/ /이~/ /쉬이/

# J + une = June

/즈/ /유~-은/ **/즈-유~은/** ⋯ /쥬윤/

# h + ose = hose

/흐/ /오우-즈/ **/흐-오우즈/** ⋯ /호우즈/

# ki + ng = king

/키/ /응/ /키-응/ ⋯ /킹/

# ben + ch = bench

/벤/ /취/ /벤취/

# th + is = this

/-드/ /이쓰/ /디쓰/

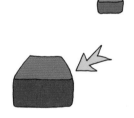

# r + ai + n = rain

/르/ /에이/ /은/ /레이-은/ ⋯ /레인/

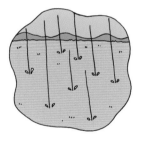

# au + dio = audio

/오~/ /디오/ /오~디오/

# b + ee = bee

/브/ /이~/ /비이/

# sh + ip = ship

/쉬/　　/이프/　　/쉽/

# pi + nk = pink

/피/　　/응크/　　**/피-응크/** ⋯ /핑크/

# gr + ay = gray

/그르/　　/에이/　　/그레이/

# th + ree = three

/-쓰/　　/리이/　　/쓰리이/

# s + ea = sea

/쓰/　　/이~/　　/씨이/

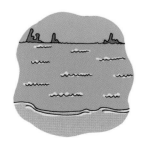

# j + aw = jaw

/즈/　　/오~/　　/조오/

# b + oa + t = boat
/브/ /오우/ /트/ /보우트/

# c + ow = cow
/크/ /아우/ /카우/

# b + oo + k = book
/브/ /우/ /크/ /북/

# m + ou + se = mouse
/므/ /아우/ /쓰/ /마우쓰/

# sn + ow = snow
/스느/ /오우/ /스노우/

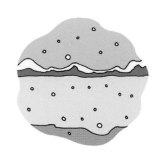

# m + oo + n = moon
/므/ /우~/ /은/ /무운/

다음 단어에 해당하는 그림과 색이 있는 부분의 소리값을 찾아 줄을 그으세요.

**d**og ▪

▪ /크/

**fr**og ▪

▪ /그/

**g**oat ▪

▪ /프/

**k**oala ▪

▪ /드/

**l**ion ▪

▪ /므/

**m**ouse ▪

▪ /을,ㄹ/

**o**wl ▪

▪ /프/

**p**ig ▪

▪ /아/

**r**abbit ▪

▪ /트/

**t**iger ▪

▪ /르/

**z**ebra ▪

▪ /즈/

▶ 정답은 134P에 있어요.

## Game 2

다음 단어의 끝말을 이어 보세요.

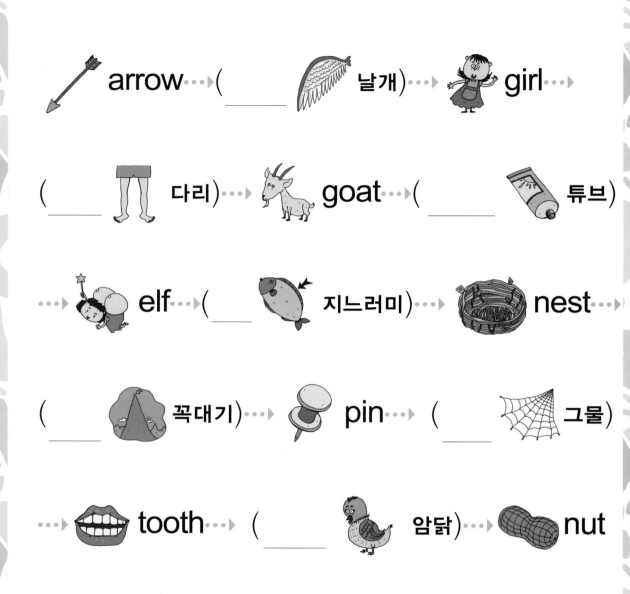

arrow ···(_____ 날개)··· ▶ girl ···▶

(_____ 다리)··· ▶ goat ···( _____ 튜브)

···▶ elf ···▶ (_____ 지느러미) ··· ▶ nest ···▶

( _____ 꼭대기) ··· ▶ pin ···▶ ( _____ 그물)

···▶ tooth ···▶ ( _____ 암닭) ··· ▶ nut

···▶ tent

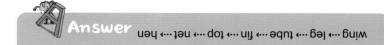